Karl Friedrich Hindenburg

Über den Schachspieler des Herrn von Kempelen

Nebst einer Abbildung und Beschreibung seiner Sprachmaschine

Karl Friedrich Hindenburg

Über den Schachspieler des Herrn von Kempelen
Nebst einer Abbildung und Beschreibung seiner Sprachmaschine

ISBN/EAN: 9783743693937

Hergestellt in Europa, USA, Kanada, Australien, Japan

Cover: Foto ©ninafisch / pixelio.de

Weitere Bücher finden Sie auf **www.hansebooks.com**

Ueber den
Schachspieler
des
Herrn von Kempelen

Nebst
einer Abbildung und Beschreibung
seiner
Sprachmaschine.

Leipzig,
in der Johann Gottfried Müllerschen Buchhandlung,
1784.

An Herrn
Johann Bernoulli
der Königlich Preussischen und anderer Akademien der
Wissenschaften Mitglied.

Hochzuehrender Herr,

Hier haben Sie meine Gedanken über den Schachspieler des Herrn von Kempelen. Wären Sie nur noch einige Tage bey uns geblieben, so hätten Sie selbst sehen und urtheilen können. Vermuthlich würden Sie dann eine beſſere Hypotheſe an die Stelle meines, dem erſten Anſehen nach, gewagten Einfalls geſetzt haben.

Man giebt einſtimmig zu, daß die Bewegungen des Schachſpielers ſehr ungezwungen und natürlich ſind; nur über die Art und Weiſe wie ſie hervorgebracht werden, kann man ſich nicht vereinigen. Einige glauben, alles geſchehe ganz unmechaniſch, durch unmittelbare Einwirkung einer Kraft von

A 3   auſſen:

auſſen: Andere hingegen finden hier einen ſehr
künſtlichen Mechanismus, welcher des Zutritts
einer ſolchen Kraft nur bedarf, um für jeden einzelnen Zug in Thätigkeit geſezt zu werden. Wie
man aber auch immer die Sache nehmen will,
ſo iſt dennoch damit noch nichts erklärt; die
Schwierigkeiten bleiben alle, wie ſie waren, die-
ſelben. Indeſſen ſcheint es nöthig zu ſeyn, ſich
für die eine oder die andere Meynung zuvor aus
Gründen zu entſchlieſſen, ehe man zu einer ſtatt-
haften Erklärung fortgehen kann.

Annehmen, die Räder, Hebel und Walzen
ſeyen nur Blendwerk, alle Bewegungen werden
unmittelbar von auſſen gewirkt, heißt freylich,
die ſonſt ſo bewunderte ſpielende Figur zu einen
Gliedermann herabwürdigen, der ſeine Evo-
lutionen ſo oder anders macht, nachdem man bey
ihm dieſen oder jenen Faden zieht. Ich will
hier nicht unterſuchen, in wiefern eine ſolche Vor-
ausſetzung mit Herrn von Kempelens Charakter,
wie man ihn kennen lernt, und ſeinem ſonſt bekannten mechaniſchen Talent, beſtehen könne;
ich will nur ſo viel erinnern, daß man gleichwohl
dadurch nichts gewinnt, ſo lange man nicht, we-
nigſtens doch ungefähr, die Möglichkeit angeben
kann,

kann, wie, für so viele und mancherley Bewegungen, diese Fäden, oder was sonst ihre Stelle vertritt, regiert werden können. Ein Mann, der senkrecht, wie eine Bildsäule, in unverrükter Stellung, neben der Kommode steht, während daß die Figur an derselben ihre Bewegungen macht, kann doch wohl diese nicht unmittelbar, ohne alle mechanische Vorbereitung, hervorbringen? er habe nun auch die wirkende Kraft, wo und wie er immer wolle, angebracht. Das Unbegreifliche einer solchen Annahme, haben mir auch diejenigen, die dieser Meynung zugethan sind (ich selbst war es, ehe ich die Sache noch gesehen hatte) zugestanden. Das Resultat fällt endlich immer dahin aus: Wir wissen das nicht zu erklären; die Sache kann aber gleichwohl nicht anders seyn.

Im Gegentheil nimmt man die Bewegungen der Figur während des Spiels, nicht ganz ohne Grund, als Wirkungen mechanischer Anordnung an, weil bey dem Gange des Springers durch alle Felder des Schachbrets, noch mehr aber, bey der Buchstabenweisung für die Beantwortung der Fragen (die wohl Niemand, der die Sache gesehen hat, für unmechanisch erklären wird) solche Bewegungen vorkommen, als nur immer

zu

zu den einzelnen Zügen des Spiels erfordert wer=
den. Was hierbey noch Schwierigkeit macht,
ist dieses, daß sich nicht wohl absehen läßt, wie
man in eine Maschine so ganz willkührlich schei=
nende Bewegungen, durch ihren Mechanismus
wirken könne. Aber, kann man die Sache auf
die andere Art begreiflicher erklären? und wie,
wenn die Voraussetzung nicht ganz so sicher wäre?
wenn die Züge der Figur weit weniger frey wären,
als man sich wohl vorstellt?

Sie, Theuerster Freund, werden am
besten beurtheilen, in wiefern die Vergleichung
der Schachmaschine mit einer Uhr, und die bey=
den Werke, die ich dafür angenommen habe, den
Bedingungen Genüge thun; es mag nun, wie ich
glaube, eins in das andere einwirken, oder sie
mögen beyde, nach einer prästabilirten Harmonie,
parallel neben einander fortgehen.

Was auch immer Herr von Kempelen für
eine Einrichtung bey seinem Schachspieler getrof=
fen haben mag; denn meine Hypothese soll nur
eine der möglichen Arten angeben, wie die Sache
etwa seyn könnte: so zweifle ich doch nicht, die
Wahrheit der beyden Sätze werde unabgeändert
dabey bestehen. „Die Figur kann nicht, für
„jeden

„jeden Fall, jeden Stein an jeden Ort „bringen, und hat für jeden einzelnen Zug nur „eine sehr beschränkte Wahl; die Haupt- „sache ist bey ihr größtentheils schon vorberei- „tet, wenn nicht ganz mechanisch, doch gewiß „nicht ganz unmechanisch." Zu mehrern Bewei- sen, die Sie in dem Aufsatze selbst finden werden, füge ich noch den hinzu: daß die Königinn der Figur, in dem Spiele, das nachher aufgehoben wurde, sich auf einmal mitten unter die Feinde stürzte — mit gleichem Muthe, wie Diomedes beym Homer, aber nicht mit gleichem Erfolge — denn da sie es ohne alle Unterstützung wagte, wurde sie auf der Stelle gefangen genommen. Hier kam mir das berüchtigte: agnosco fatum Carthaginis! auf einmal in Sinn. Die Figur konnte wahrscheinlicherweise, nachdem sie schon zuvor den rokfirten König, ohne alle Bedeutung, gezogen hatte, diesen fatalen Zug nicht länger vermeiden.

Was dazu gehöre, wenn die Figur eben so frey als jeder andere Spieler soll handeln können; auch darüber habe ich meine Gedanken in der Schrift geäussert, die ich, wie alles Uebrige, Ihren Einsichten zur Prüfung überlasse.

Hof-

Ich habe die Maschine zweymal besucht und arbei-
ten gesehen. Das kann genug seyn zu einer Beschreibung ihres Aeusserlichen und der Art und Weise, wie sie
spielt, für diejenigen die sie nicht gesehen haben. Ob
aber eine so neue, von mir so wenig unterhaltene Be-
kanntschaft mit diesem Kunstwerke, auch hinreichend sey,
ein Urtheil darüber zu fällen, das mögen diejenigen entscheiden, die die Maschine öfter gesehen, mit mehrerer
Aufmerksamkeit betrachtet, und mit Kenneraugen geprüft
haben — so weit überhaupt eine solche Prüfung möglich
ist, wo man von Ruhe und Gleichgewicht in den einzelnen Theilen, die man so wenig als ihren Zusammenhang
unter einander genau kennt, auf Bewegungen schliessen
soll, von denen man nur ihre letzten Wirkungen zu sehen
bekommt, die sie dem Auge des Zuschauers darstellen.

Eine Figur von mittlerer Menschengrösse, als ein
Türk gekleidet, sitzt auf einem Stuhle hinter einer vierte-
halb Fuß langen, zwey Fuß breiten und drittehalb Fuß
hohen Kommode. Den rechten Arm streckt sie gerade
vor sich hin auf die Kommode, der linke ruht auf einem
Kissen, das ihm zur Unterstützung untergelegt wird.
Vor ihr liegt das Schachbret, in einer und derselben
Ebene mit der Oberfläche der Kommode.

Ehe das Spiel angeht, wird das Innere der Kommode, die auf Walzen ruht, und so mit Leichtigkeit sich
drehen und wenden läßt, bey geöfneten Vorder- und

Hin-

Hinter-Thüren von einem Gehülfen des Herrn von Kempelen (Herrn Anton) den Zuschauern an den Schranken gezeigt. Eine Zwischenwand von oben nach unten theilt die Kommode in zween ungleiche Theile. Der kleinere Raum, unter der rechten Hand der Figur, ist ganz mit Rollen, Rädern, Getrieben, Walzen, Hebeln und Federn angefüllt; der grössere, enthält ausser einigen Rollen, einem Federgehäuse und zween Linealen, die um ihre Mittelpunkte, über horizontalen Unterlagen, wie Quadranten gestaltet, beweglich und mit Fäden versehen sind, noch das Kissen für den linken Arm, eine Buchstaben- und Ziffertafel und ein verschlossenes Kästchen, das uneröffnet, seitwärts rechter Hand hinter die Figur, in einer Entfernung von ungefähr vier bis fünf Fuß, auf einen Tisch neben ein Licht gesezt wird. Das Werk im Rücken der Figur, das ebenfals gezeigt wird, ist von dem in der Kommode ganz verschieden *). Wenn alle Thüren wieder verschlossen worden, wird die Kommode hart an die Schranken angerückt, und das Werk in derselben aufgezogen.

Die

*) Karl Gottlieb von Windisch's Briefe über den Schachspieler des Herrn von Kempelen, nebst drey Kupferstichen. Basel 1783 geben in den ersten beyden Kupfern eine gute Vorstellung der Einrichtung des Werks in der Kommode und der Figur, so weit solche Herr von Kempelen, der die Zeichnungen dazu für den Herrn von Mechel selbst verfertiget, hat wollen bekannt werden lassen.

Die Figur hat den Auszug mit den weissen Stei-
nen. Sie sieht aufmerksam vor sich hin; und kaum
hat sich ihr Gegenspieler an die Schranken gestellt, so
hört man ein schwirrendes Geräusch in dem Innern der
Kommode, ungefähr wie bey dem Schlagwerke einer
Stuz-oder Wanduhr. Der Kopf dreht sich nach den
beyden Seiten und richtet sich wieder in die Mitte, gleichsam als ob die Figur, beym Anfange das Ganze und in
der Folge die einzelnen Situationen des Spiels, übersähe;
der linke Arm (die Figur spielt mit der linken Hand) erhebt sich allmählig vom Kissen, und führt die Hand nach
der Gegend des Schachbrets über den Stein, der gezogen werden soll; die Hand sinkt, greift mit den Fingern
nach dem Stein, erhebt ihn etwas über das Feld worauf er steht, und sezt ihn da nieder, wo er hinkommen
soll. Zulezt wird der Arm, mit eben dem Anstande,
mit welchem er die Bewegung anfieng, wieder zurück
auf das Kissen in Ruhe gebracht.

Dies sind zusammen genommen die Umstände,
welche man bey jedem Zuge wahrnimmt; und nun das
Besondere gewisser einzelner Züge.

Einen Stein des Gegners zu schlagen, nimmt die
Figur denselben und sezt ihn neben das Bret zur linken
Seite. Darauf thut sie ihren Zug und bringt den schlagenden Stein auf die Stelle des geschlagenen. Giebt
sie Schach dem Könige, so nikt sie dreymal: der Königinn,

ginn, nur zweymal mit dem Kopfe. Bey einem fal-
schen Zuge des Gegenspielers schüttelt sie den Kopf, sezt
seinen Stein wieder an die vorige Stelle, und zieht sogleich ihren eignen Zug; wobey also der Gegner einen
Zug verliert. Eben so schüttelt sie den Kopf, wenn das
Schachmatt von einer oder der andern Seite gegeben
worden *), und man noch weiter einen Zug versuchen
will.

Die so künstliche Wendung des Arms verdient eine
besondere Anzeige. Ich habe dabey mehrere Bewegungen: aufwärts von dem Kissen, vorwärts nach dem
Gegenspieler, seitwärts nach dem Schachbrete, eine
diagonale und eine Winkelbewegung um den Ellebogen, als einen festen Punkt, nach dem Steine zu,
wahrgenommen. Die Bewegung aufwärts schien mir
immer dieselbe, nicht so die Bewegungen vorwärts, seitwärts und diagonal; denn da es bey den Zügen immer
darauf ankommt, den Ellebogen über einen bestimmten
Punct der Ebene, in welcher das Schachbret liegt, zu
bringen, so daß die Hand, wenn der Arm die Winkel-

A 4 bewe-

---

*) Die Sage, daß die Schachmaschine unüberwindlich sey,
ist ungegründet. Sie spielt nicht immer gleich gut, zuwei-
len mittelmässig. Es kommt aber auch nichts darauf
an, wie schon Herr von Windisch angemerkt hat, ob die
Maschine gewinnt oder verliert, wenn sie nur passende
Züge thut.

bewegung um sein Centrum macht, den Stein gerade
erreichen kann: so müssen diese Bewegungen nothwendig darnach abgemessen seyn. Sie waren übrigens so
meisterhaft mit einander in Verbindung gebracht, auch
der Ober- und Unterarm so gut verkleidet, daß sie alle.
mit einem Anstande geschahen, den man sich nicht vor-
stellen kann, wenn man die Sache nicht selbst gesehen hat.

Während des Spiels steht Herr Anton, der Einzige, den Herr von Kempelen in seine Geheimnisse ein-
geweihet hat, innerhalb den Schranken, zwischen der
Kommode und dem Kästchen auf dem Tische, näher bey
jener als bey diesem. Mit unverwandten Augen sieht
er auf das Spiel, vorzüglich des Gegners, und geht
dann und wann, die Hand in der linken Rocktasche, etwas
vor- oder rückwärts, und nur selten hinter die Figur, oder
auf die andere Seite. Niemals berührt er die Kommode
oder die Figur nur im geringsten, ausser wenn er das
Werk in der Kommode bey manchen Spielen, nicht bey
allen, von neuem aufzieht, mit dem Vorgeben, es geht zu
langsam. Die geschlagenen Steine nimmt er sorgfältig von
der Kommode, und in zweifelhaften Fällen scheint ihm das
Kästchen auf dem Tische (dessen Thüre, wenn er es öfnet
um hineinzusehen, von den Zuschauern abgewandt ist)
statt eines Orakels zu dienen. Herr von Kempelen sieht
ausser den Schranken unter den Zuschauern dem Spiele
zu. Eine Communication zwischen Beyden, durch mancherley verstekte aber bedeutende Zeichen, Anfragen von
der

der einen und Rathgebungen von der andern Seite, sind
nicht zu verkennen. Leztere werden mit unter wörtlich,
über den Zuschauern dennoch unverständlich gegeben; dahin auch einzelne Buchstaben, z. E. a b² gehören, die
einmal sind genannt worden, da Herr Anton selbst über
die Antwort seines Orakels in Verlegenheit zu seyn ge-
schienen hat. Die Schranken sind so gestellt, daß die
Zuschauer zwar ganz nahe, an die Vorderseite der Kommode, zu beyden Seiten des Gegenspielers, aber nie hinter dieselbe, oder auch nur nahe den Seiten gerade gegen
über, kommen können. Nach dem Spiele wird das Innere der Kommode nicht weiter gezeigt.

Wenn das Schachspiel aufgehoben und die Steine
weggenommen worden, wird ein Springer von einem
der Zuschauer auf ein ihm selbst beliebiges Feld des
Schachbretes gesezt. Diesen Springer, nachdem vorher das Werk in der Figur aufgezogen worden, faßt
die Maschine und durchläuft mit ihm nach und nach alle
Felder des Bretes, ohne mehr als einmal das nehmliche
zu treffen; weshalb auch das jedesmal angezeigte Feld
sogleich mit einer Marke belegt wird. Endlich sezt sie
den Springer auf das Feld, von dem er ausgegangen,
und legt die Hand wieder in Ruhe über das Kissen.
Obgleich hier alles ganz mechanisch gewirkt wird, so
verdient doch die Leichtigkeit mit welcher die Maschine,
für jeden Anfang aus den vier und sechzig, sich stellen
läßt, noch mehr aber die künstliche Bewegung und Un-

B   ter-

terſtützuug des Arms angemerkt zu werden, der dem Gange des Springers, bey den mancherley Wendungen deſſelben, vorwärts und rückwärts und nach den beyden Seiten, ſo lange frey ſchwebend folgen muß.

Zulezt wird eine Tafel mit goldenen Buchſtaben und Ziffern auf das Schachbret gelegt, vermittelſt welcher die Figur eine willkührlich ihr vorgegebene Frage dadurch beantwortet, daß ſie die Buchſtaben einzeln mit den Fingern zeigt, die zuſammengenommen die Antwort ausmachen. Ehe dieſe Antwort gegeben wird, wird das Werk in der Figur aufgezogen. Nach jedem einzelnen Worte, das Herr Anton aus den angezeigten und, wegen der entfernten Zuſchauer, laut nachgeſprochenen Buchſtaben ſammelt, legt die Figur die Hand aufs Kiſſen, und erhebt ſie von neuem für die Buchſtaben des folgenden Worts.

Die Antworten ſind insgemein ſehr paſſend, oft ſinnreich:

Wie alt biſt du?   192 Monate *).

Biſt du verheyrathet?   Ich habe viel Weiber.

Sehr ſchicklich für einen Türken, der ſeine Jahre nach Monden rechnet, die er bey ſeinen Weibern im Serail verlebt.

Die

*) In Beziehung auf die 16 Jahre a machina condita.

Die ganz unbestimmte Frage: Wie viel giebt es Veränderungen im Schachspiele? beantwortete die Figur sehr nachdrücklich, eben so unbestimmt: durch Anzeigung der Ziffer 1 und einer vielmaligen Wiederholung der 0, die sie sehr oft und geschwind hinter einander berührte. — So greift der Wilde, um eine grosse Zahl auszudrücken, nach einem Büschel Haare oder einem Bunde Pfeile —

Unstreitig ist man auf viele Antworten, für Fragen die man vermuthen kann, im voraus gefaßt, und so giebt auch die Figur auf einerley Fragen immer einerley Antworten; worinn sie den Sokrates zum Vorgänger hat, der von denselben Dingen immer mit denselben Worten sprach

Was ist dort in dem Kästchen?

Ein Theil des Geheimnisses.

Manche Fragen werden von Herrn von Kempelen selbst untergeschoben. Ein sehr guter Spieler hatte das Spiel gegen die Maschine gewonnen. Man fragte, nach Herrn von Kempelens Vorschlage:

Wie hat der Herr gespielt?

So gut wie Philidor.

Bedenklichen Fragen weis man durch Einfälle zu begegnen. Wie und wodurch wird auf die Ma-

B 2   schine

ſchine von auſſen eingewürkt? Die Figur antwortete
mir mit einer Gegenfrage: Haben Sie das nicht geſehen?

Eine ähnliche, noch wichtigere Frage, die gewiß
Vielen, die dieſes leſen, beyfallen wird, iſt dieſe: Wie
geht dies Alles zu? Wäre ich eben ſo glücklich im Con-
jecturiren, als Herr von Kempelen ſinnreich im Erfin-
den: ſo würde ich die vorgelegte Frage eben ſo wahr be-
antworten, als ſeine Maſchine mehrere Fragen beantwortet hat. So aber muß ich ſie zu den bedenklichen
zählen, bey denen es erlaubt iſt, ſich mit einem Einfalle
zu helfen; denn für etwas anders will ich das, was ich
hierüber ſagen werde, nicht ausgeben. Herr von Kempelen, der mich, als ich das zweytemal lange mit ihm
ſprach, ſelbſt aufforderte, das was ich geſehen, mit mei-
nen Gedanken darüber, öffentlich bekannt zu machen;
Herr von Kempelen, ſage ich, kann nichts dabey ve -
ren, ich mag die Sache getroffen haben oder nicht, ich
mag ihr nahe gekommen ſeyn, oder mich ganz vom Ziele
verirrt haben. Meine Hypotheſe iſt in aller Abſicht ganz
unſchädlich; alſo immer beſſer als manche coniectura ex
ingenio über die alten Claſſiker, wobey der gute Alte gar
ſehr verlieren würde, wenn ſie wahr ſeyn ſollte.

Ich ſetze Leſer voraus, denen nicht unbekannt iſt,
was die Mechanik für dergleichen künſtliche Bewegungen,
als hier erfordert werden, zu thun vermag; Leſer, die eine
hinreichende Kenntniß vom Schachſpiele haben. Haben
ſie

fie die hieher gehörigen Schriften von Vaucanson *)
und Philidot **) gelesen: desto besser.

*) *Le Mécanisme du fluteur automate. Par Mr. Vaucanson
à Paris* 1738 in 4to; übersetzt im Hamb. Magaz. 2 B.
1 St. S. 1 u. f. Diese Figur war 5½ Fuß hoch von Holz,
nach dem Coysevau'schen Faunus von Marmor, gear-
beitet, und spielte 12 Stück auf einer Querflöte. —
Eine künstliche Ente von eben diesem Meister verschlang
Hanfkörner und soff Wasser. Was sie zu sich genommen
hatte, verdaute sie nach einigen Triturationen, und gab
es auf dem natürlichen Wege wieder von sich. Sie be-
wegte den Schnabel, strekte den Hals aus, schlug mit
den Flügeln, und machte noch andere Bewegungen, die
der Künstler in die Maschine gelegt hatte. Das neueste
und unstreitig nützlichste Werk des Herrn von Vaucanson
ist seine Spinnmaschine, über welche ganz neuerlich eine
umständliche Beschreibung herausgekommen ist.

**) *Analyse du jeu des Echecs, par André Danican Philidor.*
Der ersten Londner Ausgabe von 1749 sind nachher mehrere gefolgt. Die neueste sehr prächtige und mit dem
Bildnisse des Verf. gezierte Ausgabe von 1777, enthält
zugleich ein *Supplement à l'Edition de* 1749, (so stark
wie das Buch selbst) worinn noch zwey ganz neue Spiele,
ein sogenantes Gambit, und mehrere Ausgänge von
Spielen anzutreffen sind. Die Kunst im Schachspiel ein
Meister zu werden — Strasb. 1764 ist eine Uebersetzung
einer ältern Ausgabe. Ein Anhang dazu sind: Philipp
Stamma's Schachspielgeheimnisse. Ebend. In der
neuen Ausgabe der Encyclopédie (methodique) wird der
Traité théorique et pratique du jeu des échecs. à Paris,
chez

Ein Haupttheil des Kunstwerkes ist unstreitig die
unten in der Kommode angebrachte horizontalliegende
Walze, die, wenn sie vermittelst des Räderwerks in
Umtrieb gebracht wird, durch die auf ihrer Oberfläche
hier und da befindlichen Erhöhungen, die angränzenden
Hebel in Bewegung sezt. Vielleicht daß dadurch die
Bewegungen des Arms, aufwärts, vorwärts, seitwärts
und in die Quere: die centrische Winkelbewegung desselben
aber, zunächst durch die lineale über den horizontalen Unterlagen in der andern Abtheilung der Kommode, bewirkt
werden. Wie dem aber auch seyn mag, so hat man doch
Grund anzunehmen, daß die nöthigen Bewegungen,
wie sie nur immer für jeden einzelnen Zug im Spiele vorkommen mögen, blos und allein durch einen solchen
Mechanismus möglich sind. Und gewiß hat Herr von
Vaucanson bey seinem Flötenspieler, für die so mannich-
faltigen Bewegungen, der Finger und der Hand, des
Arms und der Flöte, der Lippen und der Zunge; für die
so verschiedene Temperatur und Austheilung des Windes,
in Rücksicht auf die nöthigen Abwechselungen der Stärke
und Geschwindigkeit desselben, mit nicht weniger Schwierigkeiten zu kämpfen gehabt, als Herr von Kempelen
bey seinem Schachspieler. Herr von Vaucanson hat

seine

chez Stoupe 1775, als ein vorzügliches Werk in diesem
Fache gerühmt, das vor allen andern, bis dahin erschie-
nenen, den Vorzug verdiene. Mathématiques. Art.
'Echecs.

feine Bewegungen auf 15 Hebel reducirt; bey Herrn
von Kempelen sind deren 11 sichtbar, die beyden Lineale
über den horizontalen Unterlagen nicht mit gerechnet.

Aber der Schachspieler kann seine Züge nicht nach
so bestimmt abgemessenen Intervallen thun, als der Flö=
tenspieler seine Noten oder Takte spielt. Jener darf
nicht eher ziehen, als bis sein Gegenspieler, der sich nach
Umständen mehr oder weniger besinnt, seinen Zug vollen=
det hat: das, was der Figur von Zeit zugemessen ist, geht
blos die Reihe einzelner Bewegungen an, die zu einem
einzelnen Zuge gehören. Nach jedem Zuge muß das Werk
stille stehen, für jeden folgenden wieder in Bewegung
gesetzt werden, und da, nach der einstimmigen Aussage
Aller, die Figur, so wie die Kommode über einem festen
soliden Boden, während des Spiels im geringsten nicht
berührt wird: so verfällt man ganz natürlich auf eine
Kraft, die in die Ferne wirken kann. Eine Actio in
distans — wenn man dabey die dazwischen liegende un=
sichtbare Materie vergessen will — und zugleich ein we=
sentlicher Unterschied zwischen der Maschine des Herrn
von Vaucanson und der des Herrn von Kempelen.

Mechanische Anordnung also, welche Bewegung
hervorzubringen strebt, und durch den Zutritt einer
Kraft von außen, die sie in Thätigkeit setzt, auch wirk=
lich hervorbringt.

Diese Kraft mag indessen — die magnetische seyn; weil ich eben itzt keine andere kenne, die unter den Umständen, wie ich sie beym Spiele wahrgenommen habe, so wirken könnte. Selbst Herrn Antons Hand in der linken Rocktasche und ihre Wendung scheint gerade zu auf Magnetismus hinzuweisen. Um etwas von der hier erforderlichen Wirkung einer so armirten Hand vorläufig zu erwähnen, wird es genug seyn, mich auf die Uhren zu berufen, welche gehen und stehen, nach dem man den Magnet gegen sie richtet.

Man gedenke sich das Werk einer solchen Uhr mit einem Flötenwerke verbunden: so wird die Uhr, den Magnet gehörig nach ihr gerichtet, gehen und flöten (wie das Werk in der Kommode schwirrt und den Arm in Bewegung setzt) aber auch eben so geschwind aufhören, wenn man den Magnet wieder abwendet.

Hier hat man also eine unterbrochene Bewegung, die man nach Gutbefinden kann anfangen und aufhören lassen.

Weiter will ich auch hiermit nichts sagen; will keinesweges den Schachspieler mit einer solchen Uhr so geradehin in Parallele stellen. Auch sind noch einige Punkte von Wichtigkeit zuvor auszumachen, ehe man den Uebergang von dieser Uhr auf den Schachspieler wagen kann.

Die

Die Uhr spielt blos vorgeschriebene Noten, wie sie durch die in abgemessenen Distanzen auf der Walze befindliche Erhöhungen bestimmt sind. Alles ist hier bey der Uhr im Voraus determinirt. Die Schachmaschine hingegen muß sich bey ihren Zügen nach den vorliegenden, bekannten oder muthmaßlichen Absichten des Spielers und des Gegenspielers richten, muß angreifen und sich vertheidigen, schlagen und jeden Stein von seinem Orte an jeden andern bringen können, wie es nur immer die Situation des Spiels und der eigene Gang der Steine erfordert. Sie muß also in gewisser Rücksicht frey handeln; und was die Maschine für sich nicht thun kann, das muß an ihrer Stelle ein Anderer thun — doch wohl Herr Anton?

Ein offenbarer Zwist also zwischen der Uhr und der Schachmaschine! der alles wieder vernichtet, wenn man ihn nicht gütlich beylegen kann.

Sollte denn Herr Anton, in Absicht auf die erforderlichen Züge, in die von Herrn von Kempelen geschaffene Maschine eben so frey wirken können, als in seine eigne, weit vollkommnere, mit der er so lange und ununterbrochen in der engsten so ganz unbegreiflichen Gemeinschaft gelebt hat? Sollte er wirklich für jeden Zug, jeden Stein, an jeden Ort bringen können, wohin ihn nur immer Absicht oder Willkühr bestimmen mag? Dieses, oder etwas noch Unbegreiflicheres muß geschehen, wenn das Spiel der leblosen Maschine dem Spiele eines denkenden Wesens so vollkommen gleichen soll, als man hier anzunehmen geneigt ist. Mir fiel hierbey die noch von Niemanden erklärte Täuschung aus Herrn von Windisch's Briefen ein. Auch Herr von Kempelen gestand mir, mit einer, ihm natürlich scheinenden Offenheit, daß bey dem ganzen Vorgange der Sache eine Illusion zum Grunde liege, die, wäre sie bekannt, einen Theil von Bewunderung der Maschine entziehen würde; der Maschine, setze ich hinzu, welche itzt, auf den Fuß wie man die Sache beym ersten Anblicke nimmt, einem achten Wunderwerke aus der alten Welt ähnlicher sieht, als einem mechanischen Kunstwerke eines erfindsamen Kopfes unserer Zeiten.

Wie wäre es, wenn die Maschine ihr eigenes Spiel, und ihr Gegner das seinige spielte? — Die leblose Figur das ihrige größtentheils ganz mechanisch und determinirt, gegen den denkenden frey handelnden Gegenspieler.

Hier ist also die Uhr auf einmal wieder im Gange — Aber der Verstand scheint dagegen stille zu stehen.

Und doch müßte ich mich sehr irren, oder die Täuschung beruht gerade auf dem Punkte, den ich eben itzt berührt habe — oder doch auf einem ähnlichen. Ich sage blos, wie ich mir die Sache vorstelle: sie kann so,

und

und anders seyn. Mein Einfall ist nur ein zweyter
und die ersten der Erfinder sind meistens glücklicher.
Herr von Kempelen hat sein Geheimnis Niemanden of-
fenbart. Der Kaiser selbst weis es nicht *) — der auch
in der That weit wichtigere Geheimnisse zu denken hat,

Und nun die Hypothese selbst in Extenso:

Man denke sich mehrere gut ausgedachte Spiele,
wie die Philidorischen oder andere. Kommen sie alle
in den ersten Zügen mit einander überein: so kann man
sie auch zusammen als ein einziges Spiel mit verschiede-
nen Abwechselungen (Variantes) ansehen; dergleichen im
Philidor mehrere, mit den nöthigen Zurückweisungen
(Renvois) vorkommen. Niemand zweifelt, daß der
Künstler welches von diesen Spielen er immer will, in
seine Maschine legen kann, ehe sich die Zuschauer bey
ihm versammeln. Die Spieluhr und der Flötenspieler,
der Rösselsprung des Schachspielers und die Antworten,
die er auf die vorgelegten Fragen giebt, bestätigen das
zur Genüge; die lezten werden sogar im Beyseyn der
Zuschauer, nach der aufgegebenen Frage (vermuthlich
durch Züge, Register u. d. g.) während des Aufziehens,
auf eine sehr versteckte Art gestellt.

In

*) Herr von Kempelen hat mich versichert, Se. Majestät
der Kaiser hätten ihn nicht darum befragt.

In der Maschine nehme ich zwey Hauptwerke an: ein Gehewerk, für jeden einzelnen Zug, und ein Schlagewerk, zu Schlagung der Steine. Auf beyde wird von auffen durch den Magnet gewirkt. Das Gehewerk bestimmt das Schlagewerk (oder beyde harmoniren für sich) für jeden einzelnen Zug dergestalt, daß durch das letztere ein Stein von dem Felde geschlagen werden kann, wo ihn das erstere hinbringen will. Das Gehewerk kann aber seinen Gang für die einzelnen Züge fortsetzen, ohne daß dadurch das Schlagewerk, das immer parallel mit fortgeht, in Thätigkeit gebracht wird; wie für alle die Fälle nothwendig ist, wo auf dem Felde, auf welches der Zug der Maschine ihren Stein bringen soll, kein Stein des Gegners vorhanden ist. Anders verhält es sich, im entgegengesezten Falle, mit dem Schlagewerke, wenn man entweder absichtlich schlagen will, oder nothwendig schlagen muß, in so fern nehmlich ein Stein des Gegners auf dem Felde, wo man ihn nicht vermuthet hätte, dem Zuge dahin hinderlich fallen würde. Wird hier das Schlagewerk in Thätigkeit gesetzt; so schlägt es seinen bestimmten Stein, und das Gehewerk, dessen Hemmung zugleich dadurch ausgelößt wird, sezt unmittelbar darauf den schlagenden Stein auf die Stelle des geschlagenen.

Das ganze wird durch Federn getrieben, die das Räderwerk, die Rollen und Walzen, in Umlauf bringen, sobald die Hemmung aufgehoben wird, die nach jeder

vol-

vollendeten einzelnen Operation wieder einfallen muß.
Zu einem Beyspiele, wie etwa ein solches Hinderniß der
Bewegung bey dem Gehewerke angebracht seyn kann,
mag hier ein um seinen Scheitel beweglicher Winkelhe-
bel dienen, von welchem der eine Arm in horizontaler
Lage, von Messing und mit einem Haaken versehen, in
das Werk eingreift, der andere von Eisen, unter einem
rechten Winkel senkrecht über jenem angebracht ist, neben
einer schwachen, nur so viel widerstrebenden Feder, als
nöthig ist, den Haaken zwischen die Zähne des Rades
desto sicherer einzulegen. Die Länge, Stärke und das
Gewicht der Arme, der Druck der Feder, die Friction
des Zapfens um den sich der Hebel dreht, so wie des
Haakens zwischen den Zähnen des Rades, wo er eingreift, müssen so gegen einander abgeglichen seyn, daß
der Hebel durch einen Magnet von gegegebener Stärke
bis auf eine gegebene Entfernung mit Leichtigkeit bewegt
und der Haaken ausgelößt werden kann. Eine andere Vorrichtung in ähnlicher Absicht bey dem Schlagewerke, um es
nach Gefallen in Thätigkeit setzen zu können (sie wird
verschieden seyn, nach dem man annimmt, daß ein Werk
durch das andere bestimmt werde, oder daß beyde immer
harmonisch, parallel neben einander fortgehen) kann
man sich in bestimmter Entfernung von jener ersten angebracht gedenken; und so kann man sicher seyn, daß
selbst zween gut armirte Magneten, auf die Kommode
neben das Schachbret gelegt, oder an die Vorderseite
der Kommode woran man steht gehalten, das Werk

nicht

nicht stören oder in Unordnung bringen werden, weil
diese doch nicht in der erforderlichen Richtung wirken
können, auch die ganze Vorrichtung so gemacht seyn
kann, daß die Hemmungen aufzuheben, ein sehr starker
künstlicher Magnet erfordert wird. *)

So erhellet, wie die Maschine durch den innern
Mechanismus, vermittelst der Einwirkung von aussen,
jeden Zug nach der Ordnung, wie er in sie gelegt ist, in
jedem beliebigen Zeitintervoll vornehmen, Steine schlagen und die schlagenden an die Stelle der geschlagenen
setzen kann. Hierbey nehme ich ferner an, daß einige
Züge unabhängig von den übrigen, nach festgesezter
Ordnung bestimmten, gewirkt werden können, (wohin
ich unter andern das so künstliche rokkiren rechnen möch-
te) um sie etwa da anzubringen, wo sie vorzüglich pas-
send sind, oder sich ihrer als Hülfen in vorkommenden
Fällen, so wie bey Zurücksetzung der von dem Gegner
vorsetzlich oder aus Versehen falsch gezogenen Steine **),

zu

---

*) Das ist also kein Beweis, wie Herr von Windisch glaubt,
daß die Einwirkung nicht durch Magnetismus geschehen
könne. Auf mein Befragen, ob ein paar Magneten auf
die Tafel gelegt, dem Spiele hinderlich seyn würden,
antwortete mir Herr Anton gleichwohl sehr unbestimmt:
Er wisse das nicht.

**) Der Fall, wo die Figur einen falsch gezogenen Stein
zurücksezt, ist beydemal, da ich sie habe spielen gesehen,
nicht

zu bedienen; welche einzelne Freyzüge, wie ich sie nennen
will, vielleicht mit dem Werke in Verbindung stehen, dessen sich der Künstler zu Beantwortung der Fragen bedient,
wo das Zeigen der einzelnen Buchstbaben auf der Alpha-
bettafel, größtentheils in solchen Richtungen geschieht, wie
bey dem Gange des Thurms, Springers oder Läufers erfordert werden. Endlich lassen sich auch Uebergänge aus
einem Spiele ins andere gedenken, wenn man die Walze
nur um ein Weniges verschieben kann, um dadurch eine andere Reihe von Erhöhungen bey ihrer weitern Umdrehung
unter die Hebel zu bringen; welche Veränderung, vielleicht auch durch den Magneten bewirkt werden kann,
vielleicht bey Gelegenheit des zweyten Aufziehens geschieht, das bey manchen Spielen vorkommt (nicht bey
allen) unter dem Vorgeben, das Werk gehe zu langsam*).
So wirkte also der Magnet, nach vier bestimmten Gegenden der Maschine gerichtet (für die gewöhnlichen
Züge, für die zu schlagenden Steine, für die Freyzüge,
[vielleicht auch] für das Verschieben der Walze) eine Reihe
von

nicht vorgekommen. Ich kann also davon, und von
den Umständen, die ihn begleiten, nicht als Augenzeuge
sprechen. Indessen sieht man ein, daß er zu den Frey-
zügen gehört, bey denen dreyerley Bewegung (eine
thurm- springer- oder lauferartige) in Betrachtung
kommt, auf welche sich alles reduciren läßt.

*) Bey einigen Spielen ist auch, wie man mich versichert
hat, ein drittes Aufziehen bemerkt worden.

von Veränderungen und Abwechslungen, die alle auf
den gemeinschaftlichen Zweck hinzielen: den Angriff, der
gleich anfänglich durch den Auszug, den die Figur alle-
mal hat, vorbereitet wird, so viel als möglich zu be-
haupten.

Aber, wird man sagen, eine leblose Figur, die
größtentheils ganz mechanisch spielt, gegen einen denkenden ganz frey handelnden Gegenspieler? — Freyhan-
delnden? Gewiß nicht so frey, als man sich wohl vorstellt, wenn man die Sache nicht in der Nähe betrachtet.
Ich behaupte vielmehr, so paradox das auch anfänglich
scheinen mag: Der Gegenspieler handle bey seiner Vertheidigung desto weniger frey, je besser er spielt. Der
Angriff macht eine grosse Menge Gegenzüge ganz unnütz,
oder auf der Stelle schädlich, auf die also keine Rücksicht
braucht genommen zu werden. Unter den wenigen, die
zur Vertheidigung frey bleiben, sind nur einige die bessern, oft ist nur ein einziger der beste. Der gute Spieler, der immer mehrere Züge und ihre Erfolge voraus-
sieht, wählt, wie man sagt — eine Wahl aus Zwang,
den ihm seine bessern Einsichten auflegen — einen dieser
bessern Züge, oder auch, wenn er ihn ersieht, den besten Zug; da hingegen ein nicht so guter Spieler sich um
so freyer fühlt, aber auch dafür sich nicht so gut verthei-
digt. Die Figur also (angenommen, was man hier
nothwendig voraussetzen muß, daß ihr Spiel eines der
bestausgedachten Paradigmen ist) hat in beyden Fällen
den.

den Vortheil: Der gute Spieler muß ihr so viel als möglich auf dem vorgezeichneten Wege begegnen; der geringere ihr mehr Blößen geben.

Und nun noch einige Gründe für die Hypothese, die Figur spiele schon größtentheils mechanisch vorbereitete Spiele.

1) Könnte die Figur für jeden einzelnen Fall jeden Zug thun, jeden Vortheil benutzen, so würde sie nie, wie gleichwohl mit unter der Fall ist, gegen blos mittel= mäßige Spieler verlieren, da sie doch oft gegen gute ge= winnt; sie würde nicht leicht den Angriff fahren lassen, den man, wie Philidor, in den Anmerkungen zu seinen Spielen, gezeigt hat, einem guten Spieler nie abgewin= nen kann, wenn er sich nicht versieht.

2) Man hat bey einem der ersten Spiele ange= merkt, daß das Spiel von beyden Seiten fast wider= sinnig gestanden und gespielet worden; daß die Figur hier und da einen Vortheil nicht benutzt; daß der Ge= genspieler zwar endlich verlohren habe, aber, wie mich ein Kenner versichert hat, wenigstens um sechs Züge frü= her, hätte Schachmatt werden können.

3) Die Maschine fängt sehr frühzeitig an mit den Bauern zu schlagen, und nimmt nicht selten Officier ge= gen Officier. Ein wohl überlegtes Schlagen nehmlich ist ein Zwang, den man dem Gegenspieler auflegt; und

C   man

man kann nicht leicht die Gewisheit mehrerer bestimmter Züge hinter einander sicherer verbürgen, als eben dadurch. Ueberdies werden der Steine weniger, das Spiel wird geöfnet, und der angelegte Angriff kann freyer unterstützt werden.

4) Die Figur thut ihren Zug meistentheils sehr schnell nach dem Zuge des Gegners; wie es oft scheint, ganz mechanisch. *) Herr von Kempelen sagt manche Züge voraus an: Die Figur wird rokkiren; sie wird dem Könige (der Königinn) Schach bieten; sie wird den Springer nehmen u. s. w. Freylich könnte man das erste auch blos als eine Folge der großen Fertigkeit, die sich Herr Anton durch viele Uebung im Spiel erworben; das andere, als Rathgebungen des Herrn von Kempelen ansehen. Dennoch schien mir immer Etwas durch die Maschine schon Vorbereitetes dabey durchzuleuchten.

5) Die Figur rokkirt in jedem Spiele, und, wie man durchgängig beobachtet hat, immer auf die rechte, nie auf die linke Seite; oft ohne Veranlassung von außen dazu zu haben, sollte sie auch darüber den Angriff verlieren, wie ich selbst in einem Spiele wider einen guten

ten

*) Auf diese Schnelligkeit macht Herr von Kempelen mit unter die Zuschauer selbst aufmerksam. Zu einem guten Gegenspieler sprach er: Lassen Sie sich nicht nachsagen, daß Sie langsamer spielten, als die Figur.

ten Gegner wahrgenommen habe. In eben dem Spiele
zog die Figur in der Folge den schon rokkirten König,
ohne alle Bedeutung, wie mehrere Kenner bemerkt haben, aus blosser Verlegenheit, wie es schien. Ein Noth-
schuß, dachte ich, eines Schiffes auf den stürmenden
Wogen des Meeres! Bald darauf ward das Spiel aufgehoben, mit dem Vorgeben, es würde zu lange dauern;
dem Gegenspieler aber der höchstwahrscheinliche Sieg zugestanden, weil er die Königinn und einen Springer vor
der Figur voraus hatte.

6) Ein Cavalier kam, in Gesellschaft einiger Da-
men, etwas spät, nur wenige Züge vor dem Ende eines
Spiels. Er bat daher um ein zweytes Spiel für sich.
Sein Gesuch ward von Herrn Anton höflich abgelehnet,
und bey Wiederholung desselben, ihm die bedeutende
Antwort gegeben: Die Figur sey nicht eingerichtet,
mehr als ein Spiel zu spielen; das würde zu lange
aufhalten. So sind auch Liebhaber, die vor den gesetz-
ten Stunden sich eingefunden, bey verschlossenen Thüren
bedeutet worden: Es sey noch zu früh; die Schachmaschine sey noch nicht zugerichtet. Eine deutliche
Nachweisung, daß vor dem Aufziehen des Werks, das
alle Zuschauer sehen, noch etwas Anderes vorbereitet
seyn muß. *)

C 2   7) In

---

*) Ob diese Vorbereitung ganz mechanisch oder zum Theil
magnetisch (in Beziehung auf den von aussen einwirken-

7) Im lezten Spiele, das hier in Leipzig gespielt worden, giebt die Figur dem Könige des Gegenspielers Schach, ohne es durch Kopfnicken anzuzeigen. Der Gegenspieler, der es nicht bemerkt, deckt also auch nicht das Schach. Die Figur, die hier hätte mit dem Kopfe schütteln sollen, thut ihren Gegenzug, ohne sich weiter um das offene Schach zu bekümmern. Dies bemerken die nächsten Zuschauer laut. Alles kommt in Bewegung. Herr Anton eilt bestürzt nach dem Kästchen auf dem Tische, schließt es auf, sieht bedenklich hinein. Herr von Kempelen fragt, was vorgegangen und ob etwa was zerbrochen sey? Die Sache wird endlich dahin vermittelt, die Züge zurückzuthun (die Figur hat hier die Steine nicht zurückgesezt *) und so das Spiel bis aufs Kopf=

nicken

den Magnet) oder was sie sonst ist; das will ich hier nicht entscheiden. Ganz unmechanisch ist sie gewis nicht, wie anfangs Einige glaubten, welche annahmen: die Räder, Rollen, Walzen und Hebel in der Kommode und der Figur seyen lauter Blendwerk; alle Bewegung werde hier/von aussen blos durch einen Magnet, oder etwas ähnliches, gewirkt. Dieser Gedanke wurde aber durch die Sache selbst aufs gründlichste widerlegt.

*) Es waren, kann man zur Entschuldigung sagen, zwar Züge wider die Regeln des Spiels, aber doch nicht falsch gezogene Steine. Auch muß, wie man leicht denken kann, Herr Anton zuvor den Kopf in Gedanken nicken und schütteln, ehe solches die Figur vor den Augen der Zuschauer thun kann. Beydes wird bisweilen etwas spät nachgeholt.

niffen in integrum zu restituiren. Das Spiel wird fortgesezt; was weiter daraus geworden, darum habe ich nicht nachgefragt. Endlich

8) Kann wohl eine completere Illusion oder Täuschung gedacht werden, als diese: wenn der Gegenspieler in seinen Zügen fast durchgängig durch den Angriff der Figur determinirt wird, immer in der Meynung, diese müsse ganz allein nach ihm sich richten? — wenn der präsumtive Gesetzgeber dem Einflusse einer stärkern Gewalt nachgeben, und in ihren Fesseln unvermerkt einhergehen muß, eben zu der Zeit, da er seine legislative Macht gegen sie auszuüben glaubt.

Bald hätte ich das Kästchen — diesen Gegenstand der immer gereizten und nicht befriedigten Neubegierde — auf dem Tische stehen lassen, ohne weiter etwas davon zu gedenken.

Einige nehmen es auf die leichte Achsel, und sehen es nur für ein leeres Kästchen, für ein blosses Blendwerk an. Andere beschweren es mit einem grossen Magneten, den ich unangetastet liegen lassen will, weil ich nichts damit anzufangen weis. *) Noch Andere glauben

*) Vielleicht, kann man denken, soll er auf andere Magneten in der Kommode wirken. Allein die Vortheile, die Pelletier, Guyot, Comus, aus bestimmten, nach Willkühr

ben bey Eröfnung deſſelben Etwas, dem Schlage eines
ſtarken elektriſchen Junkens Aehnliches, gehört zu haben;
dieſen iſt es ein geweihtes Gefäß, in welchem das hei=
lige Feuer aufbewahret wird, das noch kein Auge eines
Exoterikers erhellet hat, und deſſen Wirkung, wie ſie
hier geſchieht, zu erklären, einem zweyten Oedipus vor=
behalten bleibt — wenn ihm kein Prometheus zuvor=
kommt. Mir iſt es das Archiv für die Urkunde des
Spiels, worinn alle einzelne Züge und Freyzüge einge=
zeichnet ſtehen, nebſt den nöthigen Weiſungen auf die
vorkommenden Fälle. Dahin eilt Herr Anton, wenn
ſein Gedächtnis, auf der Flucht begriffen, ihm untreu
geworden. Hier lieſt er in dem Buche der Schickſale,
und führt ſein Schiff, nachdem er zuvor den heiligen
Anker gelichtet, als ein erfahrner Pilot, mitten durch die
Klippen. So bewahrt er ſein Geheimnis unenthüllt
vor den Augen der Ungeweihten! Das Geheimnis, das
nur erſt nach Jahren für die Welt reifen ſoll. *)

Und

führ zu verändernden, Lagen verborgener ſtarker Magne=
ten ziehen, reichen hier, für ſolche Bewegungen, wie die
Figur ſie macht, nicht zu.

*) Die Figur wird, wie man ſagt, noch mehrere Reiſen
thun, unter andern eine transalpiniſche in die ſübli=
chern Gegenden Europens. Eine Beſchreibung der Ma=
ſchine von Herrn von Kempelen ſelbſt, dürfte alſo wohl
noch nicht ſobald zu erwarten ſtehen.

Und nun noch, mit wenig Worten, das Wesent-
liche meiner Hypothese, die Substanz derselben:

Die Hauptsache ist größtentheils ganz mechanisch
vorbereitet; einige Züge können frey gewirkt werden;
alle Bewegungen beruhen auf dem Mechanismus in dem
Innern der Kommode und der Figur; der Anfang der
Bewegungen, auf der Einwirkung einer Kraft von aus=
sen, nach Herrn Antons Willkühr; was dieser nicht
weis oder vergessen hat, sagt ihm das Orakel in dem
Kästchen; oder der, der das Orakel aufgestellt hat,
Herr von Kempelen; in einer Sprache, die alle sehen
und hören, aber Niemand versteht.

Ein Gedanke, zu weiterer Aussicht über die Sache,
ist folgender. Alle Bewegungen der Schachmaschine las=
sen sich auf drey Gattungen zurücksetzen: auf Bewegun=
gen, welche 1) die Hand über den Stein führen, der ge=
zogen werden soll, 2) den Stein, nach dem ihm eigenen
Gange, auf das Feld bringen, wo er hinkommen soll,
3) zum Schlagen der Steine gehören. Die für den
Rösselsprung und die Buchstabenweisung getroffenen Ein=
richtungen, zeigen deutlich, daß man jede dieser Bewegun=
gen durch ein eigenes Werk darstellen kann. Wäre es
möglich, und könnte ein Kempelen oder Doz, diese
drey Werke so mit einander in Verbindung setzen, daß
man für jeden einzelnen Fall, die nöthige Combination
bey simpeln Zügen, und Conternation bey schlagenden

Zü=

Zügen (beyde sind immer durch den Stein den man zie=
hen oder mit dem man schlagen will, klar und deutlich
bestimmt) aus diesen Werken leicht und geschwind zu=
sammenbringen könnte: so hätte man etwas noch Voll=
kommneres. Die Einwirkung könnte von außen, auch
hier wie dort geschehen, aber das Kästchen, und mit ihm
mancherley Bedenklichkeiten, fielen nun weg. Die Figur
spielte gerade so stark, als der, der sie commandirt, ohne
weiter durch irgend etwas eingeschränkt zu seyn.

Für die Liebhaber des Schachspiels will ich noch
einige Entwürfe beyfügen, wie der Springer durch alle
64 Felder in eben so viel Zügen gehen kann. *)

I. Nach Herrn von Montmort.

11	38	31	44	3	46	29	42
32	35	2	39	30	43	4	47
37	8	33	26	45	6	41	28
34	25	36	7	40	27	48	5
9	60	17	56	11	52	19	50
24	57	10	63	18	49	12	53
61	16	59	22	55	14	51	20
58	23	62	15	64	21	54	13

II. Nach

*) Récréations Mathématiques et Physiques — par feu Mr.
Ozanam — Nouvelle Edition, totalement refondue, et
considerablement augmentée par M. de C. G. F. IV Tomes
à Paris 1778. Die Entwürfe selbst stehen im I Tome
p. 173 – 182.

II. Nach Herrn von Moivre.

34	49	22	11	36	39	24	1
21	10	35	50	23	12	37	40
48	33	62	57	38	25	2	13
9	20	51	54	63	60	41	26
32	47	58	61	56	53	14	3
19	8	55	52	59	64	27	42
46	31	6	17	44	29	4	15
7	18	45	30	5	16	43	28

III. Nach Herrn von Mairan.

40	9	26	53	42	7	64	29
25	52	41	8	27	30	43	6
10	39	24	57	54	63	28	31
23	56	51	60	1	44	5	62
50	11	38	55	58	61	32	45
37	22	59	48	19	2	15	4
12	49	20	35	14	17	46	33
21	36	13	18	47	34	3	16

IV. Nach Herrn von W***.

25	22	37	8	35	20	47	6
38	9	24	21	52	7	34	19
23	26	11	36	59	48	5	46
10	39	62	51	56	53	18	33
27	12	55	58	49	60	45	4
40	63	50	61	54	57	32	17
13	8	1	42	15	30	3	44
64	41	14	29	2	43	16	31

Die

Die Zahlen zeigen hier in ihrer Ordnung die Sprünge nach einander. In den ersten drey Entwürfen muß der Springer nothwendig von einem der beyden Felder, 1 oder 64, ausgehen. In dem vierten hingegen, kann man ihn anfangen lassen, wo man will; weil man hier für jede Zahl, vorwärts und rückwärts, im Kreise herum kommen kann. Daburch erhält dieser Entwurf, einen großen Vorzug vor den übrigen.

Von beyderley Arten lassen sich noch eine sehr grosse Menge andere Schemata gedenken und finden. Ich will hier nur das einzige noch hersetzen, nach welchem die Schachmaschine den Springer die Felder durchwandern läßt; das Schema nehmlich

V. Nach Herrn Euler.

42	57	44	9	40	21	46	7
55	10	41	58	45	8	39	20
12	43	56	61	22	59	6	47
63	54	11	30	25	28	19	38
32	13	62	27	60	23	48	5
53	64	31	24	29	26	37	18
14	33	2	51	16	35	4	49
1	52	15	34	3	50	17	36

Wohin man auch nur, in IV oder V, den Springer setzt, so kann man ihn jedesmal, auf eine doppelte Art, von diesem Felde durch alle übrigen, bis wieder dahin bringen

gen

gen, wo er ausgegangen ist. Setzt man ihn z. B. auf 29,
so geht er entweder

nach 29, 30....: 63, 64, 1, 2.... 28, 29
oder 29, 28..... 2, 1, 64, 63.... 30, 29

Entwürfe für den bestimmten Anfang 1 oder 64, findet
man leicht nach einigen Versuchen. Hat man aber einmal
einen solchen, so kann man ihn nachher weiter so verändern,
daß man den Anfang von jeder andern beliebigen Zahl
nehmen kann. Alles kommt dabey darauf an, daß man
die Zahlen dergestalt zu versetzen weis, daß 64 auf ein
Feld zu liegen kommt, von welchem man das Feld 1
mit einem Sprunge erreichen kann. Eine Regel dafür,
nach welcher man das Gesuchte ohne viele Umschweife
findet, kann folgende seyn:

1) Die Zahlen um 1 herum, die man von 1 mit einem
Sprunge des Springers erreichen kann (die Zahl 2 aus-
genommen) seyen m, n, p, q, &c.

2) Man wähle eine davon nach Gefallen (wenn
1 in der Ecke steht, so giebt es nur eine solche Zahl)
z. E. n, und sehe, ob man von dem Felde n — 1 auf das
Feld 64 mit einem Sprunge kommen kann.

3) Kann man das; so lasse man die Zahlen 1, 2,
3, 4... n — 2, n — 1, unverändert auf ihren Feldern
liegen; aber

statt   64, 63,   62.... n+2, n+1, n

setze man n, n+1, n+2..... 62,   63, 64

4) Kann man das nicht; so versetze man zuvor einige der letztern Zahlen, von 64 an, so, daß man, wie vorher, nach allen in ihrer Ordnung gehen kann, die Zahl 64 aber auf ein Feld zu liegen kommt, das sich, von n — 1 aus, mit einem Sprunge erreichen läßt.

5) Zuletzt verfahre man mit den veränderten und unverändert liegen gebliebenen Zahlen, wie in 3. Die Zahlen 1, 2, 3 ... n—1, bleiben nehmlich wie sie sind; aber

statt   64, 63,   52 ....n+2, n+1,   n

schreibt man n, n+1, n+2 62,   63,   64

Hier hat man also einen Umlauf durch alle Zahlen in geschlossenem Kreise.

Zu Beyspielen einer solchen Umänderung mögen hier die oben (S. 40, 41) angeführten Entwürfe der Herren, von Mairan, de Moivre und Montmort dienen.

Anordnung des Herrn von Mairan. (III. S. 41.)

Die Zahlen um 1 herum, auf die man hier Rücksicht nehmen kann, (die 2 abgerechnet) sind 28, 32, 48, 38, 24, 8, 30.

Für 28 kann man von 27 mit einem Sprunge auf 64 kommen. Man lasse also die Zahlen 1, 2, 3....25, 26, 27 unverändert; aber

statt

statt   .64, 63, 62.... 30, 29, 28
setze man 28, 29, 30.... 62, 63, 64

so hat man das Verlangte.

Eben so für 32 kann man hier von 31 init einem
Sprunge auf 64 kommen.   Man lasse also die Zahlen
1, 2, 3 ... 29, 30, 31 unverändert; aber

statt   64, 63, 62.... 34, 33, 32
schreibe man 32, 33, 34.... 62, 63, 64 .

so hat man eine zweyte Auflösung.   Die übrigen Zahlen
48, 38, 24, 8, 30, übergehe ich, um das, was man für
sie thun müste,   an den beyden andern Entwürfen zu
zeigen.

Anordnung des Herrn von Moivre (II. S. 41.)

Für 12 (die einige Zahl auf die man hier zu sehen
hat) kann man nicht von 11 mit einem Sprunge auf
64 kommen;

Das möglich zu machen, vertausche man einige der
lezten Zahlen: setze 64 statt 62 und 62 statt 64.

Die Zahlen 1, 2 .... 10, 11 behalte man unverändert; aber

statt   64, 63, 62..... 14, 13, 12
setze man 12, 13, 14..... 62, 63, 64

An·

Anordnung des Herrn von Montmort. (I. S. 40.)

Bey dieser kommt nur die Zahl 8 in Betrachtung, wo man wieder von 7 nicht mit einem Sprunge auf 64 kommen kann.

Zu dieser Absicht werden
    die Zahlen   64, 63, 61, 60
    vertauschet mit 60, 61, 63, 64

Die Zahlen 1, 2 ... 6, 7 bleiben unverändert in ihren Stellen; aber
    statt   64, 63, 62..... 10, 9, 8
    schreibt man 8, 9, 10..... 62, 63, 64

So hat man also, die beyden Entwürfe von Herrn Euler und Herrn von W *** (Kaiserl. Rittmeister bey dem Kinskyschen Dragonerregimente) mit eingerechnet, auf einmal 6 verschiedene Schemata, von der vollkommnern Art, wo der Springer, von jedem Felde seinen Marsch antreten, und von da, vorwärts oder rückwärts, sich schwenken kann.

Ueber diese Aufgabe, den Gang des Springers betreffend, hat Herr Euler eine besondere Abhandlung geschrieben *). Von ihr steht etwas in einer Anmerkung

zu

---

*) Memoires de l'Acad. Roy. de Berlin. Année 1759. Ein Aufsatz des Herrn Vandermonde von ähnlichem Inhalte steht in den Mem. de l'Acad. des Sciences de Paris. Année

zu dem oben angeführten Artikel Echecs der neuen Ausgabe der Encyclopédie (methodique).

Eine ähnliche Aufgabe käme, mutatis mutandis — weil es hier mehrere Springer giebt, die alle auf einmal auftreten, und alle Felder, bis auf eins, besezt halten— bey dem Grillenspiele mit den Pflöckchen (au-trou-Monsieur †) vor; wenn nehmlich, wie sich von selbst versteht, Anfang und Ende bestimmt vorgeschrieben werden; denn sonst hat die Sache eben keine grosse Schwierigkeit.

Zum Beschluß noch die Beschreibung der Sprachmaschine des Herrn von Kempelen, nach beyliegendem Kupferstiche. Die Zeichnung ist von der Maschine selbst, durch einen geschickten Künstler mit aller Sorgfalt genommen worden. Herr von Kempelen hat seine Einwilligung darzu nicht nur gern gegeben, sondern auch die Gefälligkeit gehabt, die Zeichnung selbst zu revidiren. Um so mehr kann man von der Richtigkeit dieser ersten Darstellung der Sprachmaschine im Publiko überzeugt seyn.

Das

Année 1771. Beyde Aufsätze enthalten manches Merkwürdige für die Liebhaber.

†) Ist das nicht der rechte Name, so könnt' er es doch seyn. Ueberhaupt scheint dieses Spiel, so wie sein Compagnon, mit den Ringen an einer Gabel ohne Ende, und andere Solitair's, mit denen man sich sonst die Grillen vertrieb, izt ganz aus der Mode gekommen zu seyn.

Das Werk der Maschine, von welcher A den perspecti=
vischen Aufriß zeigt, ruht auf einem Gestelle von zwey
parallel übereinander liegenden, 3 Fuß langen, 1 Fuß
breiten, dünnen Bretern, die durch Stützen von einan=
der abgesondert, übrigens rund um frey sind, daß man
dazwischen durchsehen kann. Mit diesem Gestelle kann
die Maschine über jeden ebenen Tisch bequem gesetzt und
in unverrükter Lage erhalten werden. Auf dem obern
Brete, in der Höhe von $\frac{1}{2}$ Fuß, ist ein Blasebalg befe=
stiget, dessen Länge 1 Fuß 9 Zoll, die Breite 9 Zoll be=
trägt, der von einem Gewichte aufgehoben wird, das
über einer Rolle, an einem $2\frac{1}{2}$ Fuß hohen Bogen herab=
hängt. Die Windlade des Blasebalgs führt in ein
Kästchen, auf dessen Boden sich die künstlichen Sprach=
werkzeuge befinden. Des Kästchens Länge ist $10\frac{1}{2}$ Zoll,
die Breite, so wie die Höhe, 9 Zoll; alles englisches Maaß.
Der obere Theil des Kästchens hat Aehnlichkeit mit einem
Resonanzboden (das ist er auch wirklich), aber ein nega=
tiver) und hat 16 kleine Oefnungen in 4 parallelen Rei=
hen. Die beyden grössern Oefnungen unter ihm, dienen
zu Eingängen für beyde Hände des Künstlers: die run=
de zur Seite wo er steht für die linke, die grössere über
der Windlade für die rechte Hand; um das Werk be=
quem dirigiren zu können. Der Vorhang über der letz=
tern ist aufgeschlagen, wie er gewöhnlich längst dem Arme
des Künstlers liegt, wenn er das Werk spielt.

B stellt

B stellt den Grundriß des äussern Werks im Käst=
chen vor. Die einzelnen Theile desselben mit ihren Be=
stimmungen, nach der Aussage des Zeichners, welcher Herrn
von Kempelen einzeln darum befragt hat, sind folgende:

a Ein gezähntes Sternrad mit einem Stellhäkchen.
Durch dieses Rad kann die Stimme etwas höher oder
tiefer gestellt werden.

b Die vordere Klappe neben dem Rade, unter sich
in einem Charniere beweglich, dient, ungefähr wie bey
einer Orgel, Veränderungen des Registers zu machen.

c Zwo Seitenklappen, die sich um Zapfen in ihren
Lagern drehen. Zu eben der Absicht, um das Werk be=
quemer regieren zu können.

d Die hintere Querklappe, an einer unter sich dru=
ckenden Feder. Sie dient vornehmlich den Sylben und
Wörtern die möglichst grösste Deutlichkeit zu geben.

Unter den Klappen sind Oefnungen und Züge an=
gebracht, die Töne und Laute verschiedentlich zu modifici=
ren, den Sylben das Zischen und Harte (vermuthlich für
das sch, ch und r) zu geben, u. s. w.

e Ein Drucker, in Gestalt einer hohlkopfichten
Sattlerzwecke. Er kann so tief, als er hoch steht, nieder=
gedruckt werden, kann Luft geben und zurückhalten, und
dient für die ausgehende Luft gleichsam statt eines Ven=
tilators.

f Zwey trichter- oder trompetenförmige Röhren, als Schallöfnungen für die ausgehenden Sylben und Wörter; die eine, in gerader Richtung nach der Länge des Werks, die andere, in die Quere angebracht.

C stellt die Ansichten des Werks von drey Seiten vor; die erste und dritte, von der Seite, an welcher der Künstler steht, und von der ihm entgegengesetzten Seite. Die mittlere zeiget das Werk, wie man es, gerade vor der Röhre, dem Blasebalg gegen über, sehen würde. Bey

g sind sechs Löcher, vier in der Mitte, über dem Ausgange der Röhre, und eines an jeder Seite des Werks; alle in einer Höhe, nahe bey einander, um darauf, wie auf den Oefnungen einer Flöte, mit den Fingern spielen zu können.

h zeigt einen Theil der Windlade, an der grossen Oefnung des Kästchens.

Diese äussern Theile des Werks sind bey der Zeichnung alle nach dem Augenmaasse proportionirt worden. Bestimmte Abmessungen von ihnen wird man hier nicht erwarten; auch wären sie überflüssig: da eine vollkommnere Kenntniß der Maschine auch eine genaue Einsicht in die innere Structur dieser Theile und ihres Zusammenhangs unter einander erfordern würde, die hier nicht gegeben werden kann, und nur allein von dem Künstler selbst zu erwarten steht. Ich habe die Abmessungen des Aeusserlichen der Maschine oben nur beygefügt, um einen

Be-

Begriff von der Größe des Ganzen zu geben; damit man sich das Ding nicht etwa so groß als einen Backofen vorstelle, das ganz bequem auf ein mässiges Pfeilertischchen gesezt werden kann.

Das Werk zu spielen, greift Herr von Kempelen, mit der linken Hand in den runden Ausschnitt zur Seite; mit der rechten in die grosse Oefnung hinter den Vorhang; der rechte Arm ruht mit dem Ellebogen über den Blase= balg. Dieser wird abwechselnd durch den Arm nieder= gedrückt und von dem Gewichte wieder aufgezogen, indeß daß der Künstler mit der einen Hand die Klappen res giert, und mit den Fingern der andern die Löcher deckt, wie es nur immer die Umstände der Sache und der Me= chanismus des Werks erfordern. Durch diese Mani= pulation zwingt Herr von Kempelen wirklich artikulirte Töne aus seiner Maschine, welche die Worte, wie er sie laut vorsagt, in einem weinerlich = komischen Tone eines fünf= bis sechsjährigen Kindes vernehmlich nach= spricht: Ma chere Mama, aimés moi; je Vous aime de tout mon coeur — Oh, ma chere Mere, on m'a fait du ma-a-a-al u. s. w.

Ich führe diese Phrasen hier an, nicht eben ihres merkwürdigen Inhalts wegen, sondern weil es die ersten Worte sind, die die Maschine gewöhnlich spricht, und auf deren deutliche Hervorbringung der Künstler sich vornehmlich geübt zu haben scheint.

Frey=

Freylich haben die faden Cicero's-Schedel, die Puppen, die auf Stühlen, wie im Caroussel herumgebreht werden, und andere dergleichen schöne Spielwerke und elende Raritäten, bey denen die auf unnatürlicheu Wegen zugeführten Worte auf den Lippen oder in dem Bauche ersterben; haben verdekte Sprecher und marktschreyerische Ventriloquenz, die Sprachmaschinen, samt und sonders, in so übeln Credit gebracht, daß, wenn nun ein Mann auf-steht, der den Bau der Sprachorgane, mit den Verände-rungen die sie beym Sprechen leiden, selbst untersucht, die besten Schriftsteller über die Bildung der menschlichen Sprache sorgfältig nachgelesen, über das alles als mecha-nischer Künstler anhaltend nachgedacht und manchen Ver-such zuvor für sich im stillen angestellt hat; wenn, sage ich, ein solcher Mann an ein solches Werk sich wagt, wenn er es endlich, die Frucht mehrerer Jahre, dem Publiko, ohne alle Prätension, zur Prüfung darstellt: daß man — nicht seinen Worten — nein, der vorgelegten Sache, ja sich selbst kaum traut. In der That ist auch die Betrü-gerey in diesem Falle so oft und mannichfaltig wiederholt, nicht selten so versteckt getrieben worden, daß man sich hier nicht genug in Acht nehmen kann. Man kann zwei-feln, wenigstens das Urtheil suspendiren, so lange man die Sache nicht selbst gesehen und gehört hat; man ist aber auch genöthigt, evidenten Beweisen nachzugeben, wenn sie so, wie hier, geführt werden.

Herr

Herr von Kempelen läßt seine Maschine die Sprache eines Kindes reden, weil man diesem die Fehler in
der Aussprache eher verzeiht. Ich glaube man kann der
Maschine, die der Künstler noch keinesweges für vollen-
det ausgiebt, diese Nachsicht wohl gönnen, auf welche
sie in der That seltener Anspruch macht, als man sich
vielleicht vorstellt.

Die Maschine spricht meist französisch; das heißt,
der Künstler hat sich mehr auf französische Wörter und
Redensarten geübt, weil diese Sprache weniger Härten
und zischende Laute hat, als z. B. unsere Sprache, auch
allgemeinverständlicher ist, als diese. Indessen habe ich
sie viel teutsche und andere schwere Wörter aussprechen
hören, und was ihr das erstemal mislingt, das gelingt
ihr gewöhnlich beym zweyten oder dritten Versuche.
Mississippi, Constantinopel, Artaxerxes hat sie her-
ausgebracht. Das schwerste Wort, das ihr zum Aussprechen hier in Leipzig unter andern ist vorgelegt worden,
scheint das Wort Schachspieler gewesen zu seyn. Sehr
begreiflich! weil hier das zischende sch mit dem gaumich-
ten ch in der ersten Sylbe zusamme kommt, die zweyte
von dem (nach unserer Mundart) zischenden sp, das zugleich die Lippen schließt, anhebt, die dritte mit einem
schnarrenden r sich endigt. Zuerst also: Skaks-pieler,
dann Shags-pieler, und endlich das Wort selbst, mit
einer sehr erträglichen Abweichung — immer besser, als

man-

mancher Franzos, dem die deutsche Sprache ganz fremd
ist, bey einer dritten Anstrengung es treffen würde.

Unstreitig ist die Maschine noch mancher Verbesserungen fähig, die ihr der Künstler, der schon so viel ge-
leistet hat, in der Folge auch gewiß noch geben wird.
Worauf diese Verbesserungen zum Theil beruhen, läßt
sich schon aus dem abnehmen, was ich eben itzt gesagt
habe. Hierbey bleibt aber noch eine Hauptverbesserung
zurück, die ich ungern vermißt habe, obschon der Man-
gel derselben der Maschine von einer andern Seite zu-
fälligerweise zum Vortheil gereichte. Bey den Pseudo-
sprachmaschinen der geringern und vornehmerscheinenden
Herumstreifer ist die zugeführte verdumpfte Menschenstimme des plumpen Marktschreyergehülfens unverkenn-
bar: Bey Herrn von Kempelens Werkzeuge hingegen,
war alles nur gar zu sehr Maschinenton, der sich aber
schwerlich mit einem bekannten Instrumente vergleichen
läßt; allenfalls (für manche Wörter und Töne) schien es,
als ob man sie in eine Hautbois durch ihren Ansatz hinein-
redete. Die sogenannte Vox humana in der Orgel, so
weit sie auch von der Menschenstimme noch entfernt ist,
kommt ihr gleichwohl noch näher. So muß hier selbst
die Unvollkommenheit des Werkzeuges von dieser Seite
ein lautes Zeugniß für die Wahrheit ablegen!

Und

Und nun noch einige andere Zeugniſſe, die ich kurz zuſammennehmen will.

Die Maſchine ſteht ganz frey, auf einem kleinen unten ganz offenen Tiſche über einen feſten ſoliden Boden. Der Tiſch hat keinen beſtimmten Stand; ſteht bald hier, bald an einem andern Orte; iſt von einer dunklern Gegend des Zimmers, wo er zuvor geſtanden hatte, an das hellere Fenſter geſetzt worden.

Die Worte ſteigen unläugbar aus dem Käſtchen hervor. Welche Lage ich auch gegen daſſelbe nahm, wie nahe, oder entfernt davon ich auch ſtand; ſo ſchienen doch immer die Schallſtrahlen von dem Käſtchen wie von einem Mittelpunkte auszugehen. Die Worte wurden ſo laut ausgeſprochen, daß man ſie in dem ganzen geräumen Zimmer überall vernehmlich hören konnte. Sehr nahe beym Käſtchen, fielen ſie etwas ſchreyend ins Ohr.

Nicht genug, daß die Maſchine ſo laut und deutlich ſpricht; ſie thut noch mehr:

Die Worte: Verſtehen Sie mich? wiſperte ſie, allen Umſtehenden unhörbar, nur mir allein verſtändlich, ganz leiſe mir ins Ohr, das ich, nach Herrn von Kempelens Erinnerung, hart über die mittlern Oefnungen des Reſonanzbodens geneigt hatte.

Eben

Eben ſo angenehm, obſchon nicht ſo ganz uner-
wartet, war folgende Ueberraſchung:

Herr von Kempelen ſprach laut die Worte: Papa
Romanus; parallel und gleichzeitig ſprach ſie auch die
Maſchine laut.

Es iſt unmöglich, den Verdacht von Pſeudolalie
und Engaſtromythie nachdrücklicher zu widerlegen.
Die Sache ſpricht laut für ſich ſelbſt, und bedarf keiner
weitern Auslegung, die nur den Eindruck ſchwächen
würde, den ſchon die bloſſe Erzählung davon bey jedem
unbefangenen Leſer gemacht haben wird.

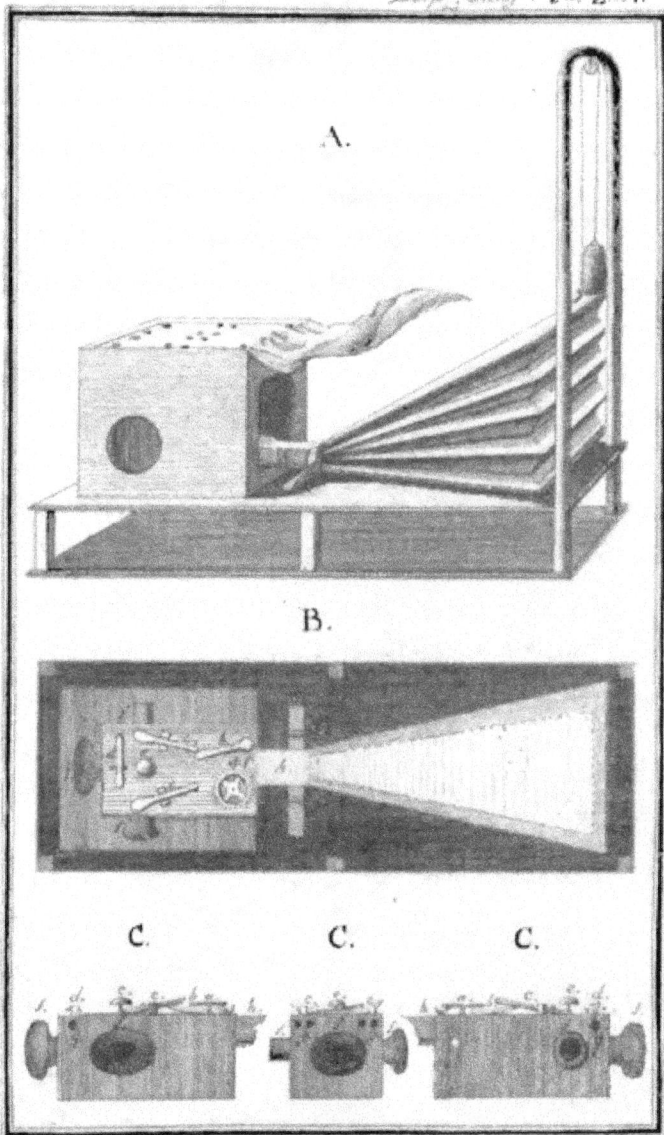

A.

B.

C.   C.   C.

A. Perspectivischer Aufris der Sprach-
maschine des Herrn von KEMPELEN.
B. Grundris der aeusern Ansicht des Werkes.
C. Profilaufrise desselben von drei Seiten.